first word search

Fun First Phonics

illustrated by
Steve Harpster

Sterling Publishing Co., Inc.
New York

11

Published in 2004 by Sterling Publishing Co., Inc.

387 Park Avenue South, New York, NY 10016

© 2004 by Sterling Publishing Co., Inc.

Distributed in Canada by Sterling Publishing

C/o Canadian Manda Group, 165 Dufferin Street

Toronto, Ontario, Canada M6K 3H6

Distributed in the United Kingdom by GMC Distribution Services

Castle Place, 166 High Street, Lewes, East Sussex, England BN7 1XU

Distributed in Australia by Capricorn Link (Australia) Pty. Ltd.

P.O. Box 704, Windsor, NSW 2756, Australia

Sterling ISBN 13: 978-1-4027-1321-7

　　　　ISBN 10: 1-4027-1321-5

For information about custom editions, special sales, premium and
corporate purchases, please contact Sterling Special Sales
Department at 800-805-5489 or specialsales@sterlingpub.com.

A Note to Parents:

Word search puzzles are both great teaching tools and lots of fun. After reading the word and spelling it out loud, have your child search for it in the grid. Then once it's found, have your child use the word in a sentence. This will help to reinforce vocabulary and grammatical skills.

Directions:

Each puzzle consists of a letter grid and a word list at the bottom of the grid. Each word can be found somewhere in the letter grid. The tricky part is that a word can appear reading forward, backward, up, down, or diagonally. There are many different ways to search for a word. A few hints: first look for words that go across; words that go down; or words with unusual letters in them, like Q, Z, X, or J. Once the word is found, draw a circle around it. It's also a good idea to cross out the words from the word list once they are found so that no time is wasted searching for the same word twice. Once all of the words are found, check in the answer section to see if they are right. That's all there is to it!

Good luck and have fun!

Long O Sounds

Q P C J T H R O W K
V N Y O J V D N E E
N D N K A N Y S M T
V Q V E W T O O Z J
Z E N D O N H R M J
M N G D R L D O B G
P O K H G R S L K Y
M B C K K T T L O T
L Y T T Q V N M X G
F Y N O P N J P K T

bone	joke
coat	most
gold	nose
grow	pony
home	throw

Short O Sounds

```
M  M  G  W  Q  T  N  Y  Y  L
C  L  O  C  K  P  K  J  Q  V
M  P  L  M  T  V  O  T  G  L
L  O  O  W  T  O  P  H  Q  T
V  M  L  M  Z  N  Z  X  Y  G
R  M  K  I  F  K  J  W  P  O
Y  N  K  R  V  B  O  G  X  D
D  L  O  L  G  E  B  O  K  F
R  G  H  L  F  R  W  L  J  M
P  O  P  P  Y  C  Q  M  L  K
```

clock	log
dog	mom
frog	olive
hop	poppy
job	pot

OO Sounds

```
S  K  T  M  Y  B  H  M  G  T
P  Z  T  Y  F  T  J  N  N  V
O  T  M  O  O  W  T  O  M  R
O  N  L  O  O  L  K  O  H  L
N  H  M  D  O  T  O  L  B  R
F  S  W  O  K  N  H  L  P  X
G  O  H  O  Z  H  R  A  T  R
Z  C  O  F  P  F  C  B  O  P
S  M  V  R  B  L  L  O  O  C
M  L  S  T  O  O  L  B  H  N
```

cool	school
food	smooth
hoot	spoon
moon	stool
roof	tooth

OR Sounds

```
P  D  H  L  C  N  B  T  R  K
W  P  T  O  L  F  L  C  H  K
O  K  R  E  G  Z  O  G  K  V
R  N  O  R  L  G  L  R  L  R
E  M  N  O  Y  N  R  Q  T  H
X  C  K  T  L  E  M  H  K  Y
N  L  J  S  D  H  C  R  M  N
N  R  J  R  K  L  O  R  L  Z
R  M  O  L  P  F  M  O  R  E
B  W  R  B  T  I  B  R  O  V
```

born	north
corn	orbit
fork	order
forty	store
more	wore

PH Sounds

```
G W E H P N K W Y E
X E J G G R A P H N
M G L K C L M T N O
S O M E Q W P J T H
C P T D P H T O N P
I H B N O H H G E E
N E Q N A P A S B L
O R Y K J H A N M E
H G T K W H P X T T
P B P F P X L V N H
```

elephant
gopher
graph
phantom
phase

phew
phonics
phony
photo
telephone

33

PL Sounds

```
D  K  L  N  T  E  R  C  H  Q
P  K  N  V  E  P  C  V  X  J
L  X  V  T  N  K  L  A  K  P
A  Z  Q  G  A  K  T  U  L  F
Y  E  N  A  L  P  B  A  M  P
M  J  M  K  P  R  T  D  O  T
P  L  E  A  S  E  K  T  N  S
W  L  M  W  B  H  U  A  L  U
G  V  L  L  M  L  L  N  K  L
G  C  G  L  P  P  G  B  F  P
```

place	play
plane	please
planet	plum
plant	plus
plate	Pluto

QU Sounds

```
V  B  N  J  K  J  J  Y  N  M
T  I  U  Q  V  C  Q  K  O  N
D  Q  K  N  T  B  U  W  I  E
M  C  U  S  C  P  I  D  T  E
Y  H  E  I  Q  V  E  Z  S  U
E  U  Q  U  V  B  T  T  E  Q
Q  T  I  L  Z  E  F  C  U  K
R  C  O  I  M  T  R  M  Q  J
K  X  U  U  D  Q  U  I  L  T
K  Q  V  W  Q  H  F  M  R  K
```

queen	quilt
quest	quit
question	quiver
quick	quiz
quiet	quote

ard SC Sounds

```
V  N  S  C  H  O  O  L  M  S
S  S  C  Z  L  B  U  R  C  S
M  C  K  M  Q  Y  F  U  D  C
C  R  R  M  G  R  B  M  N  A
Z  I  Q  E  A  A  E  D  A  T
H  B  D  C  A  Z  R  D  L  T
W  B  S  Y  F  M  A  T  T  E
D  L  W  P  R  N  C  T  O  R
J  E  X  K  W  L  S  N  C  C
R  Z  M  T  U  O  C  S  S  L
```

scare | scout
scarf | scream
scatter | scribble
school | scrub
Scotland | scuba

36

SH Sounds

```
D  M  T  H  P  W  K  V  B  K
X  H  Z  F  J  R  S  T  N  G
S  V  C  N  A  G  T  H  K  V
H  T  S  H  E  L  F  E  O  Q
O  W  S  Z  M  K  F  R  J  P
W  O  C  Q  Y  P  A  A  S  K
Y  D  W  Q  E  L  R  H  N  D
H  A  R  E  R  B  I  S  S  K
N  H  H  L  L  N  P  N  K  D
T  S  B  R  E  M  M  I  H  S
```

shadow	shelf
shake	shimmer
share	shine
shark	shop
sheep	show

SK Sounds

```
Z  K  R  N  N  B  L  N  N  R
H  T  M  T  A  L  K  L  K  S
S  W  I  S  K  F  S  G  N  K
D  K  K  K  R  S  E  N  D  I
B  E  U  N  S  I  D  Y  K  P
T  T  X  N  Z  K  R  S  V  R
Q  X  C  F  K  S  A  P  J  Q
K  K  S  A  T  M  K  L  K  P
F  R  I  S  K  Y  K  H  V  N
Q  T  N  O  T  E  L  E  K  S
```

basket	skip
desk	skis
mask	skit
risky	skunk
skeleton	task

38

SL Sounds

```
M  I  L  S  G  E  Z  G  X  D
K  R  W  L  W  N  P  W  G  B
M  R  Q  D  B  S  K  O  R  Q
K  W  S  G  P  L  C  B  L  F
T  O  U  L  W  I  B  N  R  S
N  L  R  S  E  D  K  P  M  F
S  S  L  R  P  E  A  W  A  W
F  I  Z  M  C  L  V  Q  L  H
P  F  R  N  S  R  H  E  S  W
S  L  E  E  P  V  B  M  V  C
```

slam	slim
slap	slip
sleep	slope
sleeve	slow
slide	slug

SM Sounds

```
V  R  M  Y  R  X  R  F  Y  L  L
Z  W  L  A  T  J  G  B  Y  S  S
S  N  E  P  H  T  O  O  M  S  S
L  M  L  J  Y  R  R  O  M  L  L
S  M  I  T  L  T  C  J  L  S  S
S  E  D  L  L  K  K  A  K  Y  Y
M  K  G  K  E  W  M  T  G  V  V
A  O  D  D  M  S  C  V  M  W  W
S  M  Q  N  S  M  A  R  T  H  H
H  S  Q  D  N  H  M  W  J  P  P
```

small	smile
smart	smock
smash	smog
smear	smoke
smelly	smooth

SN Sounds

```
T  H  Z  N  E  R  L  G  Q  S
S  T  F  L  Z  H  N  L  N  W
N  K  S  P  O  J  I  O  Z  K
I  A  N  B  O  A  R  F  J  H
F  E  U  M  N  E  L  F  N  V
F  N  G  S  S  C  S  T  C  H
L  S  G  E  Z  E  E  N  S  N
E  M  L  K  L  Z  T  L  A  J
N  L  E  W  O  N  S  J  T  P
R  D  B  S  N  A  K  E  K  R
```

snail	sniffle
snake	snooze
snap	snore
sneak	snow
sneeze	snuggle

SP Sounds

```
S  P  F  N  M  B  J  Q  G  P
T  K  N  S  N  W  B  N  B  F
R  S  I  P  S  P  I  L  L  R
O  P  P  I  N  L  K  M  M  Y
P  A  S  D  L  O  C  R  Q  H
S  C  D  E  S  Q  O  V  D  Y
F  E  P  R  X  P  P  P  S  G
Q  S  R  M  E  R  A  P  S  M
D  N  M  H  N  Y  O  R  P  G
T  J  X  L  V  T  K  B  K  N
```

space   spill
spare   spin
spark   spoon
spelling   sports
spider   spot

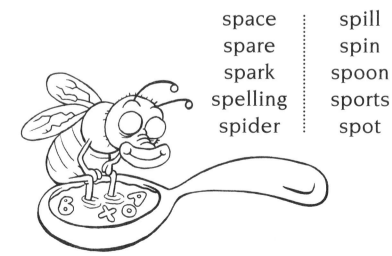

SW Sounds

```
Q  S  W  E  A  T  Z  K  X  J
R  X  Z  L  H  C  T  I  W  S
D  P  O  O  W  S  H  K  P  W
Z  L  R  S  T  L  L  V  O  S
G  L  L  T  W  H  N  L  F  W
M  N  F  E  K  A  L  J  S  I
P  B  I  E  W  A  R  W  V  M
R  N  J  W  W  S  I  M  R  T
J  M  H  S  S  Z  C  B  N
T  R  B  H  S  K  J  R  T  R
```

swallow	swim
swarm	swing
sweat	Swiss
sweets	switch
swell	swoop

TH Sounds

```
V N D T M W F D T B
K V W M H K L A Z R
E K R O N U H W T E
E G D I R T M H M D
R T H K C H I B T N
H T M P X C T X H U
T F Z R K F V K A H
T H I R T Y X N N T
L C L N R M J X K L
E L B M I H T J S N
```

thanks   thirty
that   three
thick   throw
thimble   thumb
think   thunder

44

TR Sounds

```
B  F  C  N  X  D  P  E  Z  N
B  Y  P  L  X  Y  C  I  X  X
T  R  A  D  E  A  K  N  R  R
M  G  R  M  R  R  C  T  C  T
W  P  H  T  Z  A  R  Y  K
E  E  R  T  R  K  R  A  H  C
D  M  N  E  R  E  T  P  L  U
V  Q  A  M  U  A  T  P  T  R
T  T  D  R  R  N  I  N  D  T
R  L  T  K  X  Y  B  N  Q  N
```

trace	treat
track	tree
trade	trip
train	truck
trap	true

45

TW Sounds

```
G  L  N  T  T  K  E  G  T  T
T  F  R  C  W  V  M  W  X  R
W  J  D  I  L  I  I  W  E  Q
E  T  K  E  W  S  N  L  T  B
N  R  W  T  T  D  K  C  K
T  T  T  W  E  E  T  S  L  M
Y  G  N  R  E  W  X  N  D  E
T  I  Y  W  K  E  N  I  W  T
Y  W  T  G  Y  F  T  W  N  T
B  T  W  Y  B  P  W  T  Q  K
```

tweedle : twine
tweet : twinkle
twelve : twins
twenty : twirl
twig : twist

Long U Sounds

```
U  N  I  T  E  D  T  R  B  U
T  Q  L  B  U  C  Y  U  M  N
E  H  P  T  S  J  V  E  X  R
N  V  U  X  L  U  R  I  Q  O
S  G  K  E  Q  F  N  N  H  C
I  V  U  S  P  O  W  A  X  I
L  F  C  E  Z  E  G  K  R  L
S  S  T  G  L  S  H  A  T  U
T  U  A  U  D  U  F  B  O  R
C  N  M  H  K  C  M  J  C  D
```

cute	united
fuel	Uranus
huge	use
mule	Utah
unicorn	utensils

Short U Sounds

```
Y K M L T N P N B J
N X T K L F U N U T
N G N I D D U P D Y
U K X L T Y Q G D N
B Y J L P E K M Y N
L H N G U N P G H U
B N P L U N U P P S
G M R J K P C U U Z
U Q B L N M C H T P
T P G Y D Q Y J N Z
```

buddy
bunny
cup
fun
junk

lunch
pudding
puppet
sunny
tug

V Sounds

```
L K D T D W T E V L
R Z M C L P K J R E
Y F M D Z Y T V N Z
S N M T N N K I T P
V U L K O V T C S N
E Q N M Q N I V E A
R D R E E K I N V V
Y E R L V D Z N E K
V J A V E G G I E S
K V L O T T J T M R
```

valentine	very
van	vest
veggies	vet
Venus	video
Vermont	vine

WH Sounds

```
W  Y  P  V  Q  Q  R  W  E  V
H  H  E  T  I  H  W  L  T  L
I  W  R  X  R  J  I  E  J  P
S  Y  Y  B  Q  H  L  R  Q  I
P  Z  W  M  W  T  M  V  C  H
E  M  W  R  S  W  F  A  W  W
R  F  K  I  L  H  H  H  H  N
T  W  H  E  A  T  A  E  F  W
N  W  Q  Y  J  L  D  K  E  J
K  T  Q  L  E  K  K  R  Y  L
```

whale	whip
wham	whisper
wheat	whistle
wheel	white
while	why

Z Sounds

```
M  R  J  D  A  D  L  G  H  Z
L  L  T  J  R  E  C  C  I  T
W  M  F  W  B  K  C  N  V  Y
F  P  Q  T  E  N  G  Y  R  X
Z  Q  L  Y  Z  O  X  E  T  Z
E  A  O  O  Z  Z  P  Y  X  A
T  N  C  Y  P  Z  Y  Z  P
N  X  O  Y  I  Z  E  S  T  Y
R  V  R  Z  Z  X  G  M  T  X
D  E  I  B  M  O  Z  M  D  R
```

zany	zipper
zap	zombie
zebra	zone
zesty	zonked
zing	zoo

51

Long A Sounds

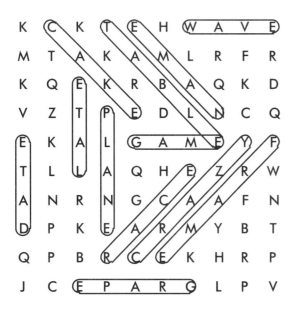

Short A Sounds

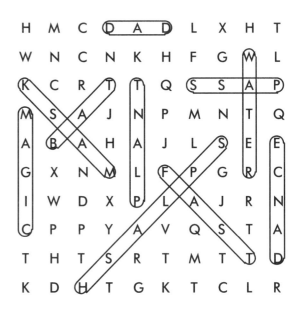

AI Sounds

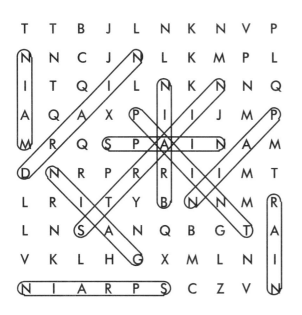

AR Sounds

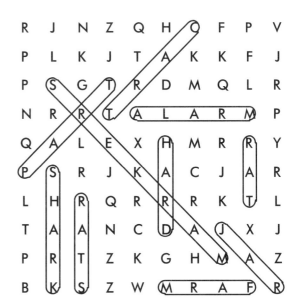

AU Sounds

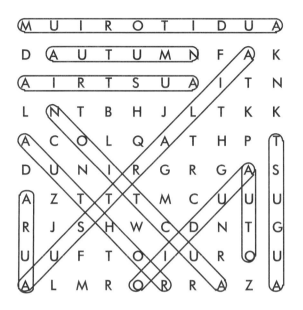

AY Sounds

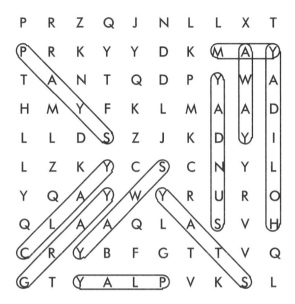

BL Sounds

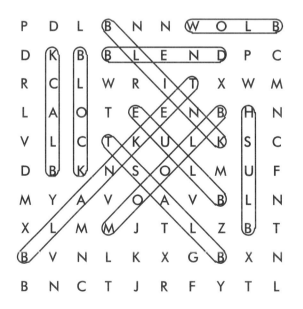

BR Sounds

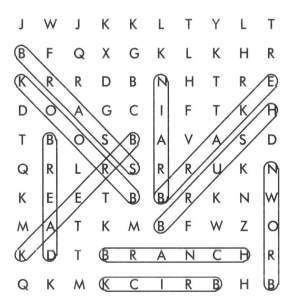

Hard C Sounds

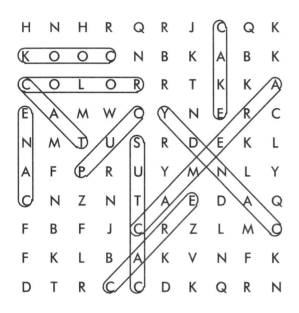

Soft C Sounds

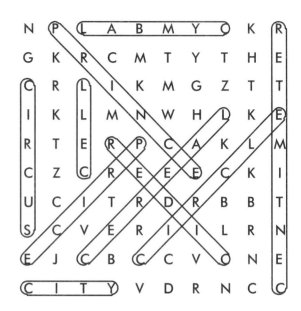

CH Sounds

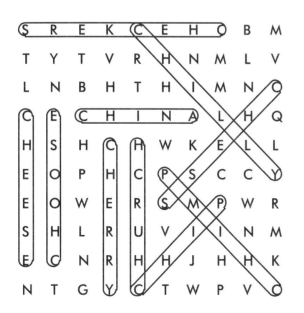

CK Sounds

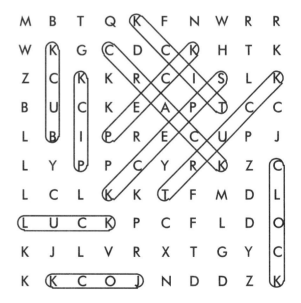

CL Sounds

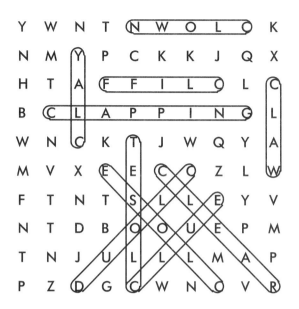

CR Sounds

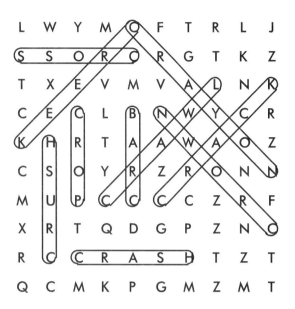

Long E Sounds

Short E Sounds

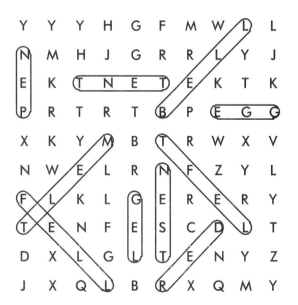

FL Sounds

FR Sounds

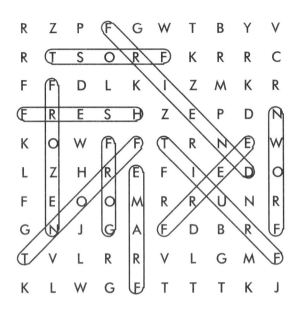

Hard G Sounds

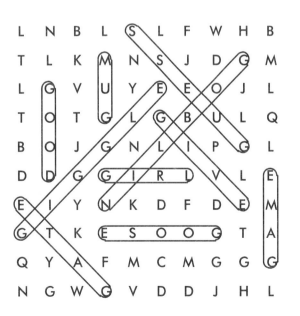

Soft G Sounds

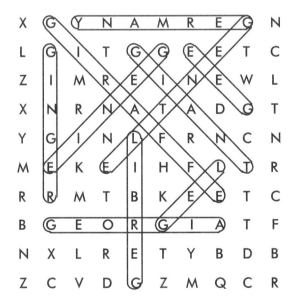

GL Sounds

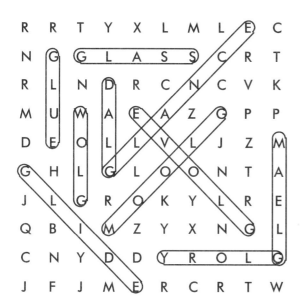

GR Sounds

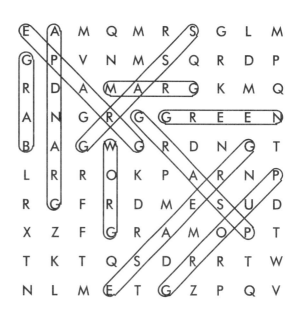

Long I Sounds

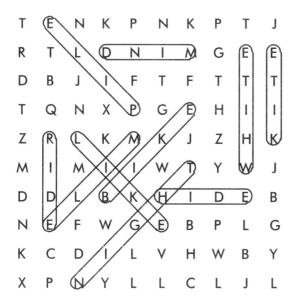

Short I Sounds

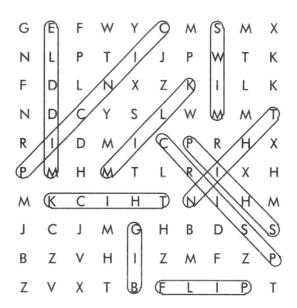

Long O Sounds

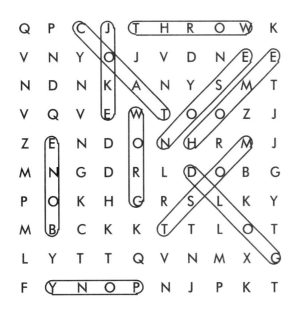

Short O Sounds

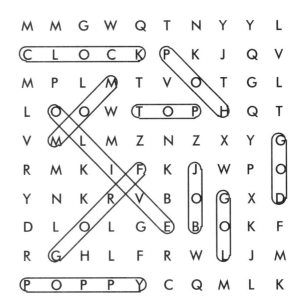

OO Sounds

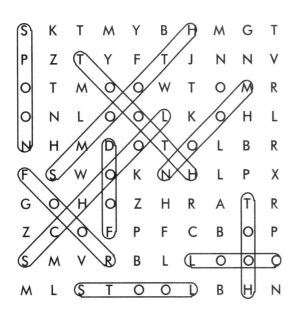

OR Sounds

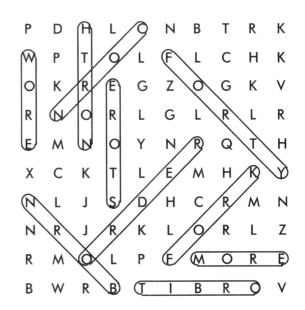

PH Sounds

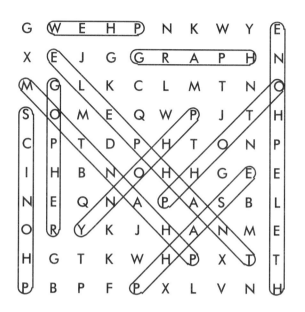

PL Sounds

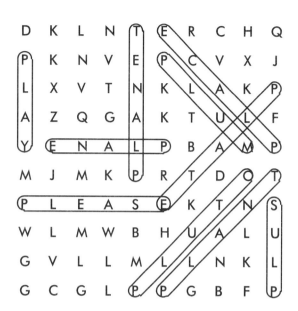

QU Sounds

Hard SC Sounds

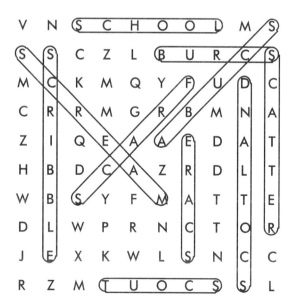

SH Sounds

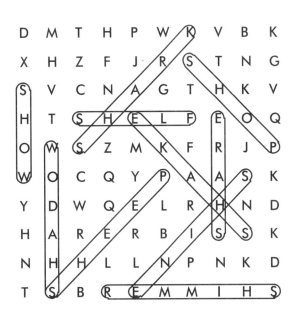

SK Sounds

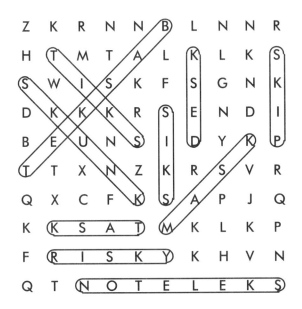

SL Sounds

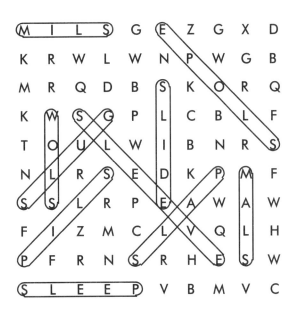

SM Sounds

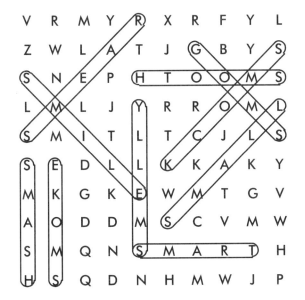

60

SN Sounds

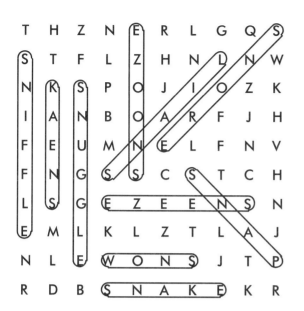

```
T  H  Z  N  E  R  L  G  Q  S
S  T  F  L  Z  H  N  N  W
N  K  S  P  O  J  I  O  Z  K
I  A  N  B  O  A  R  F  J  H
F  E  U  M  N  E  L  F  N  V
F  N  G  S  S  C  S  T  C  H
L  S  G  E  Z  E  E  N  S  N
E  M  L  K  L  Z  T  L  A  J
N  L  E  W  O  N  S  J  T  P
R  D  B  S  N  A  K  E  K  R
```

SP Sounds

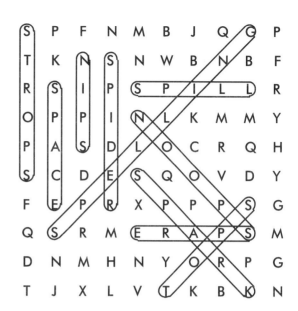

```
S  P  F  N  M  B  J  Q  G  P
T  K  N  S  N  W  B  N  B  F
R  O  I  P  S  P  I  L  L  R
O  P  I  N  L  K  M  M  Y
S  A  D  L  O  C  R  Q  H
F  C  E  S  Q  O  V  D  Y
E  P  R  X  P  P  S  G
Q  S  R  M  E  R  A  P  S  M
D  N  M  H  N  Y  O  R  P  G
T  J  X  L  V  T  K  B  K  N
```

SW Sounds

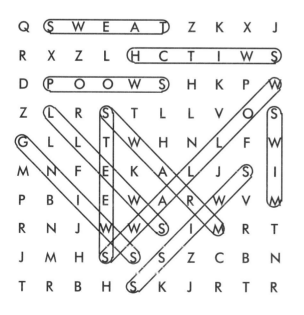

```
Q  S  W  E  A  T  Z  K  X  J
R  X  Z  L  H  C  T  I  W  S
D  P  O  O  W  S  H  K  P  W
Z  L  R  S  T  L  L  V  O  S
G  L  L  T  W  H  N  L  F  W
M  N  F  E  K  A  L  J  S  I
P  B  I  E  W  A  R  W  V  W
R  N  J  W  W  S  I  M  R  T
J  M  H  S  S  S  Z  C  B  N
T  R  B  H  S  K  J  R  T  R
```

TH Sounds

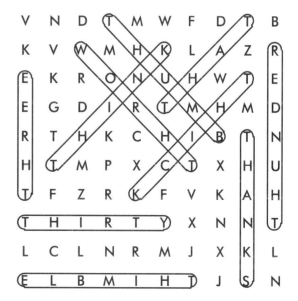

```
V  N  D  T  M  W  F  D  T  B
K  V  W  M  H  K  L  A  Z  R
E  K  R  O  N  U  H  W  T  E
E  G  D  I  R  T  M  H  M  D
R  T  H  K  C  H  I  B  N
H  T  M  P  X  C  T  X  T  U
T  F  Z  R  K  F  V  K  A  T
T  H  I  R  T  Y  X  N  N
L  C  L  N  R  M  J  X  K  L
E  L  B  M  I  H  T  J  S  N
```

TR Sounds

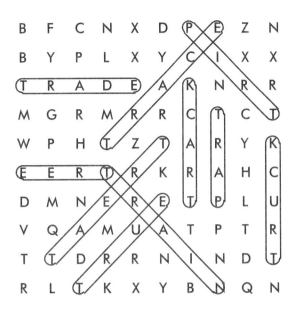

TW Sounds

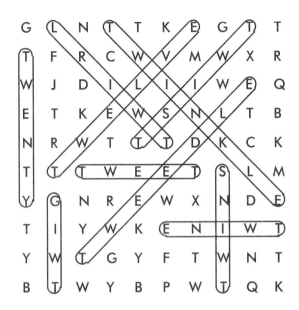

Long U Sounds

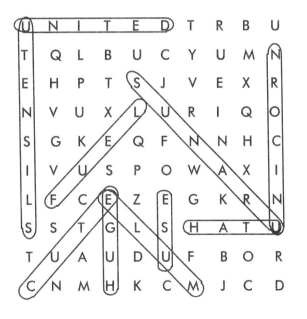

Short U Sounds

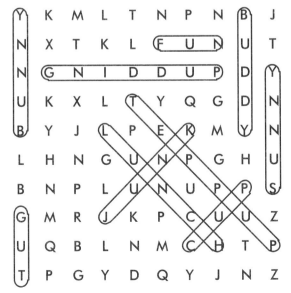

V Sounds

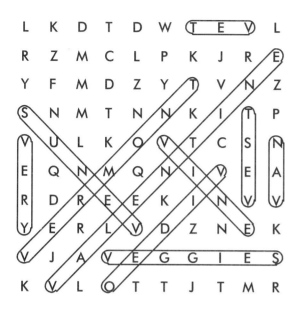

WH Sounds

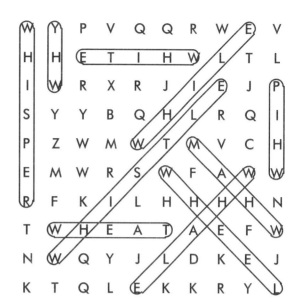

Z Sounds

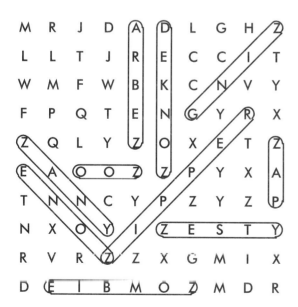